PRIX : 60 c.

Au profit d'une bonne œuvre

PANÉGYRIQUE

DE

St FRANÇOIS DE SALES

PRONONCÉ

En l'Eglise de la Visitation

de MONTÉLIMAR

Le 29 Janvier 1891

PAR

L'Abbé Hector REYNAUD

Licencié ès-lettres

MONTÉLIMAR

IMPRIMERIE ET LITHOGRAPHIE BOURRON

—

1891

PANÉGYRIQUE

DE

St FRANÇOIS DE SALES

PRONONCÉ

En l'Eglise de la Visitation

de MONTÉLIMAR

Le 29 Janvier 1891

PAR

L'Abbé Hector REYNAUD

Licencié ès-lettres

MONTÉLIMAR

IMPRIMERIE ET LITHOGRAPHIE BOURRON

1891

PANÉGYRIQUE

DE

St FRANÇOIS DE SALES

Ille erat lucerna ardens et lucens.

« Celui-là était un flambeau ardent et lumineux. »

(St Jean, V, 35.)

MES FRÈRES,

Jésus-Christ seul est la lumière du monde : c'est comme tel, qu'il s'est présenté aux hommes, c'est dans ce mot qu'il a bien des fois résumé sa mission. Et en effet, dissiper les ténèbres accumulées autour de nous par de longs siècles d'erreur; pénétrer les âmes de divines clartés; les conduire par les sentiers lumineux de la foi à la possession de Dieu qui est vérité, amour et vie : voilà la fin que s'est proposée le Sauveur et le but qu'il a fixé à son Église. Pour le lui faire atteindre, il suscite à travers les âges des hommes privilégiés, sur qui le soleil de toute justice paraît avoir concentré ses rayons : ceux-là éclairent à leur tour le peuple chrétien, le réchauffent, le réconfortent. Ce sont les maîtres de la doctrine, les prédicateurs, les écrivains, dont les œuvres ou la parole développent et perpétuent l'enseignement du Christ, et tout ensemble contribuent à nous instruire et à nous édifier. Or, Mes Frères, c'est de l'un d'entre eux que je dois aujourd'hui prononcer devant vous le panégyrique : il s'agit du plus moderne, et non pas du moins glorieux de tous. Mais sa vie est si belle, si féconde, que l'éloge qu'on en pourrait faire excèderait de beaucoup les proportions d'un simple discours ; et puisque, dans cette admirable existence, on vous a dit souvent la part qu'il convient d'attribuer au fondateur d'ordre, à l'évêque, au directeur d'âmes, au saint, je voudrais louer en ce moment le docteur, lumière de l'Eglise. Et voici à quelles idées générales il me semble qu'on peut rattacher tout le sujet : Notre saint lutte contre l'erreur, il est controversiste ; sa parole affermit la vérité dans le cœur des peuples, il est prédicateur ; enfin, par ses livres, il enseigne encore la postérité, il est écrivain. C'est à ce triple point de vue que j'entreprends le panégyrique du très-grand et très-illustre St François de Sales, évêque et prince de Genève, docteur de l'Eglise universelle.

I

Madame de Chantal écrivait un jour du fondateur de son ordre :

« Cette sainte âme va toujours se sanctifiant et « avançant du côté de la désirable éternité et ne « s'arrêtera qu'elle ne soit au rang de ces grands et « anciens Pères de l'Eglise. » C'est en effet dans cette suite glorieuse d'apologistes, dont l'origine se retrouve aux premiers siècles du christianisme, qu'il est juste de le ranger. Car, de même que Dieu avait suscité les Tertullien, les Chrysostôme, les Jérôme, les Augustin, pour défendre son Eglise contre les hérésies naissantes et maintenir l'intégrité de la foi ; ainsi fit-il de St François de Sales l'adversaire le plus redoutable du protestantisme et le défenseur le plus éclairé de la doctrine catholique. De quelles attaques cette doctrine était alors l'objet et, par suite, à quels déchirements la société chrétienne était en proie, il importe, Mes Frères, de vous le rappeler en quelques mots, bien que je ne doive rien avancer qui ne soit déjà connu de vous tous.

Donc, au premier tiers du XVIe siècle, un vent

de révolte parti du fond de l'Allemagne déchaîna sur l'Europe une effroyable tempête ; il s'ensuivit un ébranlement tel, que nous en ressentons encore le contre-coup, et l'on vit s'amonceler tant de ruines, que nous, venus trois cents ans plus tard, nous les avons à peine relevées. Le mal fut d'autant plus profond que, comme la récente hérésie attaquait de front l'autorité de l'Église et, par un singulier échange, faisait bénéficier le pouvoir séculier de ce qu'elle enlevait à la juridiction spirituelle, elle trouva, parmi les chefs des peuples, des complices et des protecteurs. Puis chacun abritant sous un masque religieux ses ambitions et ses convoitises, des luttes implacables, des guerres sans fin s'élevèrent et, pendant près d'un siècle, firent couler des flots de sang. Et en même temps qu'il sapait dans ses fondements l'édifice religieux et social, le protestantisme semait l'erreur dans les âmes, répandu qu'il était par ces docteurs à la parole perfide mais caressante, semblables à ceux dont St Paul dit que les enfants du siècle, rebelles à la saine doctrine, les entassent autour d'eux, pour se repaître de leur vaine éloquence, *« coacervabunt sibi magistros prurientes auribus. »*

Or, à l'époque dont nous parlons et dans les pays qui avoisinent le lac de Genève, le nombre de ces sophistes était grand, leur talent moindre sans doute, mais chez quelques-uns très-réel, digne dans tous les cas d'une meilleure cause. Et parce qu'ils remettaient en question des vérités tenues à bon droit pour fondamentales et jusqu'alors incontestées ; parce qu'ils touchaient ainsi aux plus hautes matières et à la plus difficile des sciences, je veux dire la théologie ; parce qu'ils prétendaient appuyer leurs innovations sur le témoignage de l'Écriture Sainte ; parce qu'enfin leur cœur paraissait fermé à la grâce comme leur esprit à la lumière, il fallait, pour les réfuter, un homme dès longtemps familiarisé avec le pur enseignement de l'Église, avec les Saintes Lettres, avec les écrits des Pères ; une intelligence à la fois large et subtile, qui allât comme d'instinct à la vérité et démasquât l'erreur sous les faux-fuyants par où, d'ordinaire, elle nous échappe : il fallait surtout, pour convertir les peuples, une âme aimante et douce, tout imprégnée de charité, et dont l'influence écartât de prime abord toute suspicion d'intérêt personnel, de vanité ou d'amour-propre. En deux mots, la science et la vertu étaient ici nécessaires : François de Sales réalisa cet idéal.

La vertu, vous savez à quel point chez lui elle était éminente. La science, il l'avait acquise de bonne heure, par les fortes études qu'il fit à l'Université de Paris et plus tard à Padoue : on l'avait initié dès sa jeunesse à la théologie, à l'exégèse, au droit canonique ; dans la suite, il ne cessa pas d'étudier la Bible et encore St Jérôme, St Augustin, St Bernard, surtout la Somme de St Thomas qui fut son livre de prédilection. Depuis, si absorbants que fussent les travaux de son ministère, il n'oublia pas que les lèvres du prêtre, suivant l'expression même du St Esprit, doivent être les gardiennes de la science. Ainsi armé, il pouvait entrer dans la lutte ouverte : nous allons voir comment il y prit part.

Son intervention y fut d'autant plus éclatante et d'autant plus glorieuse pour l'Eglise que tous alors, catholiques ou protestants, se passionnaient pour les questions religieuses et y apportaient une compétence que la nôtre est loin d'égaler. Il leur plut de voir aux prises deux représentants accrédités des religions adverses ; et comme un jour — ceci se passait en 1596 — le pasteur calviniste Louis Viret, en résidence à Thonon, parlait de François de Sales en termes calomnieux, quelqu'un répondit : « Que ne le confondez-vous en réfutant ses raisons ? Il se fait fort de réduire à néant vos objections. Si vous ne pouvez vous défendre, votre silence même vous convainc d'erreur et de mensonge. » Poussé dans ses derniers retranchements, le ministre rassembla ses collègues du Chablais et tous résolurent d'intimider le prévôt — c'était le titre alors attribué à notre Saint — en lui proposant une conférence publique. Il l'accepte avec joie, à la grande surprise

de ses adversaires ; mais au jour fixé, toute la ville
étant réunie, François seul est exact au rendez-vous
et, après une longue attente, on voit apparaître
Viret, que ses confrères s'étaient bien gardés de
suivre et qui, au lieu d'entamer la discussion conve-
nue, prétend qu'il ne peut entreprendre une affaire
si grave, sans l'autorisation du duc de Savoie. Nul
ne se laissa prendre à un tel subterfuge, dont le
premier résultat fut de jeter le discrédit sur l'impos-
teur qui y avait recouru. La seule présence de
l'apôtre catholique avait cette fois mis en fuite les
ennemis de la religion.

Un autre jour, il prit directement à partie, sur
la place publique de Genève, le ministre la Faye
qui, bien à regret, et sur l'insistance du baron
d'Avully, récemment converti au catholicisme,
avait dû accepter une discussion avec François.
Trois heures durant, l'argumentation fut soutenue
sur des questions que le calviniste substituait l'une
à l'autre, dès qu'il se voyait sur le point d'être
battu ; mais le défenseur de la foi romaine mettait
à jour la ruse et quand la Faye fut à court de raisons, il les remplaça par des injures, en quoi, du
reste, il imitait à ravir ses maîtres en hérésie,
Luther et Calvin. Mais le bon St François de Sales
n'opposa que patience et douceur à ce torrent d'in-
vectives ; et à ceux qui, après la conférence, lui
reprochèrent son impassibilité, il se plut à répon-
dre : « Notre Seigneur n'a-t-il pas toujours amia-
« blement enseigné sa doctrine ?.. Les hommes se
« gagnent par l'amour plus que par la rigueur. » Le
Saint Apôtre avait raison, Mes Frères, et si la
discussion, dont je viens de vous parler, ne convertit point le ministre hérétique, du moins elle porta
la lumière dans un grand nombre d'esprits, ramena
maint calviniste à l'Église et fortifia les fidèles dans
la foi.

Il ne manqua que la publicité pour assurer un
résultat analogue aux trois entrevues que notre
héros eut avec Théodore de Bèze. Celui-ci, célèbre
entre tous les novateurs, avait pour lui le prestige

d'une science peu commune, d'une grande autorité parmi ses coreligionnaires, enfin de services importants rendus à la cause protestante. François l'alla trouver, non sans péril, en pleine Genève et, admis enfin à une conversation intime : « Monsieur, lui dit-il, peut-on faire son salut dans l'Eglise romaine ? » Le vieillard fut embarrassé ; quelle en effet que dût être sa réponse, affirmative ou négative, elle impliquait : dans le premier cas, la condamnation du protestantisme, dont elle constatait l'inutilité ; dans le second cas, la négation même de la parole divine, Jésus-Christ ayant promis à l'Eglise une assistance éternelle. Après un long temps de réflexion, Bèze répondit : « Oui, on peut se sauver dans votre religion et nul doute que votre Eglise ne soit la mère Eglise. — Alors, répliqua François, pourquoi les calvinistes ont-ils répandu tant de sang, afin d'établir leur secte ? pourquoi tant de guerres, de séditions, de massacres ? » A ces mots, Théodore de Bèze — jadis ardent promoteur des guerres de religion, et que l'histoire soupçonne de complicité dans l'assassinat du duc de Guise — Théodore de Bèze parut consterné ; il se rejeta sur d'autres points de la doctrine catholique, mais son interlocuteur le suivit sur ce nouveau terrain et pulvérisa ses objections, tout en manifestant au ministre beaucoup d'égards, de prévenances et de charité. Nul autre incident ne marqua ce premier entretien. Les deux suivants furent plus calmes, plus concluants, et, si je puis dire, plus victorieux : le Réformateur se rendit aux raisons du savant controversiste, mais, pour des motifs tout personnels, ne se convertit point. Il céda, selon toute apparence, à un secret orgueil, ou à la crainte des Genevois, dont il prévoyait que son retour à la foi soulèverait les colères.

L'insuccès relatif de ces démarches, loin d'entamer la gloire de notre Saint, ne peut qu'en fournir un nouveau témoignage. Une fois de plus, la lumière d'en haut avait brillé dans les ténèbres et les ténèbres ne l'avaient point comprise. Le soleil est-il moins le soleil pour verser quelquefois ses rayons sur des arbres morts ?

Il me serait facile, Mes Frères, de prouver par de nouveaux faits le grand talent de St François de Sales dans l'art de combattre l'erreur : il suffit de vous rappeler qu'il a converti soixante-douze mille hérétiques. Je pourrais encore vous parler tout au long de ce livre des Controverses, qui fut son premier essai contre l'hérésie, sorte d'ébauche géniale qui put montrer à l'Eglise quel défenseur lui était né. Mais il y faudrait de trop longs développements. J'aime mieux insister sur cette idée que François de Sales, dans les conférences contradictoires dont nous venons de voir le détail, s'oublia lui-même pour ne songer qu'aux intérêts de la vérité : il se révéla toujours égal, patient, charitable, esprit large autant qu'élevé, aussi tolérant pour les personnes que ferme sur les doctrines, lumière douce qui brillait sans éblouir, pour le savant comme pour l'ignorant, tel en un mot que dès qu'il ouvrait la bouche il gagnait la sympathie de ses contradicteurs. Or ces dispositions, ces qualités qui avaient assuré au controversiste de si beaux triomphes, devaient également soutenir le prédicateur et, dans son siècle, le mettre comme tel au premier rang. J'essaierai de vous le montrer dans une seconde partie.

II

Si l'on devait caractériser d'un trait la prédication de St François de Sales, on pourrait dire qu'il y apporta le zèle d'un apôtre, l'onction d'un saint et le talent d'un orateur.

Le zèle, j'en vois l'expression dans une parole qui, à la bien prendre, résume la carrière du grand évêque : « Je sens en moi de tels transports d'amour pour la foi, que toute ma vie j'ai désiré mourir pour elle. » C'est en effet à l'extension de la foi qu'il a consacré tous ses efforts, qu'il a dépensé jusqu'à son dernier souffle. Parce qu'il aimait la vérité, il brûla de la répandre parmi les hommes, et parce qu'il aimait les hommes, il ne put souffrir que des populations entières devinssent la proie de l'éternelle mort. Et comment les soustraire à cette extrémité, sinon en portant la lumière du ciel au milieu de ceux que l'erreur enveloppait de son ombre ? Mais encore quelle est cette lumière, sinon la parole de Dieu, et qui doit la faire briller parmi nous, si ce n'est l'apôtre que Dieu envoie ?

Tout pénétré de cette conviction, François de Sales commence d'instruire et d'exhorter les peuples dès la première heure de son sacerdoce et l'on peut dire que sa vie est une prédication perpétuelle. Jamais il ne refuse l'honneur de monter en chaire, quelque fatigue qu'il en doive ressentir. Pendant le temps de sa mission dans le Chablais, il parle plusieurs fois le jour, et comme sa parole tout apostolique a dès l'abord du retentissement, les populations accourent en masse autour de lui : catholiques et protestants se groupent à l'envi autour de sa chaire et, après l'avoir une fois entendu, le veulent encore entendre et n'entendre que lui. Et le Saint se prête à ce ministère, achevant parfois dans des entrevues intimes l'œuvre d'instruction et d'édification qu'il a commencée en public. Ainsi, de proche en proche, la lumière se répand : ce flambeau ardent et lumineux distribue à la fois clarté et chaleur et le rayonnement qu'il projette est immense ; il va bien au-delà des frontières de Genève et de la Savoie et, naturellement, la France en profite. Dijon, La Roche, Grenoble, Paris entendent tour à tour l'illustre prédicateur, qui partout provoque l'admiration la plus justifiée et, ce qui est préférable, convertit les hérétiques et les pécheurs.

Ce n'est qu'à grands traits, Mes Frères, que je puis parcourir devant vous cette carrière si remplie; mais n'aurai-je pas assez mis en relief le zèle de François de Sales, quand je vous aurai rappelé que, de son propre aveu, il prononça plus de quatre mille sermons ? Quand on y réfléchit bien, ce nombre est prodigieux et, ce qui en double le prix, c'est que souvent le Saint prit la parole dans les circonstances les plus difficiles, quelquefois même au péril de sa vie.

On voit par là quel était l'unique souci du prédicateur, j'entends la gloire de Dieu; quel aussi le
caractère de sa parole, je veux dire l'onction, ce je
ne sais quoi d'indéfinissable qui part du cœur pour
aller droit au cœur; cet accent qui trahit une grande
âme et sous l'orateur laisse deviner le saint; cette
influence qui malgré tout nous pénètre, triomphe de
nos résistances et nous conquiert à Dieu. Cette
force, nous savons par la déposition de témoins
oculaires que François de Sales l'avait en son pouvoir. Quand il était en chaire, le feu de ses regards
révélait la flamme intérieure et l'on pouvait lire sur
ses traits tant d'amour pour le Sauveur, tant de
charité pour les hommes, qu'à le voir ainsi, l'on
sentait qu'on devenait meilleur. Miséricordes infinies
de Dieu, terreurs des jugements à venir, nécessité
des bonnes œuvres pour le salut, il traitait ces
grands sujets avec science et élévation sans doute,
mais surtout avec cette émotion communicative, qui
va réveiller la foi endormie et raviver dans les âmes
le feu sacré près de s'éteindre.

Cette onction se manifestait encore et avec un
caractère particulier de tendresse, quand l'évêque de
Genève catéchisait les enfants : « J'ai eu le bonheur
« d'assister à ce béni catéchisme, écrit un contem-
« porain : oncques je ne vis pareil spectacle : c'était
« un contentement non pareil d'ouïr combien fami-
« lièrement il exposait les rudiments de notre foi : à
« chaque propos les plus riches comparaisons lui
« naissaient en la bouche : il regardait son petit
« monde, et son petit monde le regardait. Il se ren-
« dait enfant avec eux, pour former en eux l'homme
« parfait selon Jésus-Christ. » Cela, Mes Frères, est
admirable; voilà bien le prédicateur idéal, dont
l'unique soin est l'édification des âmes et qui, recher-
chant avant tout le royaume de Dieu et sa justice,
« a trouvé le reste, c'est à dire le grand art par
« surcroît. » (1)

---

(1) Le mot est de Nisard, qui l'applique à Bossuet.

Il surpasse en effet sur ce point, comme sur tous les autres, n'importe quel orateur religieux du XVI° siècle. Et sans parler ici de l'action qui était chez lui remarquable, à ne considérer que le fond même ou la contexture de ses sermons, on peut dire qu'il a ramené ce genre d'éloquence à un degré d'élévation dont il n'aurait jamais dû déchoir. Les prédicateurs de la Ligue en avaient fait une arme politique ; d'autres y étalaient une érudition indigeste et cependant admirée, comme en témoigne ce mot que M. de Boisy, père de St François de Sales, lui adressait un jour : « Prévôt, tu prêches trop souvent ; de mon « temps les prédications étaient bien plus rares, « mais aussi quelles prédications ! on y disait des « merveilles ; on alléguait plus de grec et de latin en « une que tu ne fais en dix ! » Au fait, un sermon était alors un amas bien étrange, où des citations d'auteurs profanes se mêlaient indiscrètement aux maximes de Jésus-Christ : on invoquait à la fois Isaïe et Platon, David et Aristophane, Sénèque au même titre que St Paul. Ceux mêmes — et ils étaient rares — qui ne s'écartaient point de l'Ecriture Sainte, faisaient subir au texte des livres inspirés de telles contorsions qu'ils défiguraient, si je puis dire, la parole de Dieu et, par un juste châtiment de leur outrecuidance, s'éloignaient à la fois du bon goût et du bon sens.

Tout autre fut St François de Sales. Comme il possédait bon sens et bon goût dans une mesure éminente, il comprit que le véritable modèle des prédicateurs c'est le Sauveur lui-même, et à son exemple, il parla simplement et saintement. Il alla droit aux sources et s'inspira des grands maîtres de la doctrine chrétienne, ces Pères de l'Eglise, dont je vous citais les noms en commençant. Il voulut qu'on dît de lui, non pas : il parle bien, mais : il a raison. C'était là retrouver le ton véritable, et nous, Mes Frères, nous sommes de l'avis de St François de Sales et nous saluons en lui l'apôtre, le saint, l'orateur de grand talent, qui a remis l'éloquence sacrée dans sa véritable voie.

C'est une justice qu'il fallait lui rendre et qu'on lui doit également, si de ses discours on passe à ses livres. Et toutefois ne perdons pas de vue cette pensée qu'il s'agit ici non point d'œuvres d'art, mais d'œuvres d'édification. Loin de moi la pensée de transformer en dissertation ce panégyrique. Je veux seulement vous montrer, dans une dernière partie, comment la plume fut une arme, aux mains de l'évêque de Genève ; comment, — pour en revenir à mon texte, — ce flambeau qui resplendit il y a trois cents ans, brille encore, sans que le temps, qui détruit tant de choses, en ait diminué l'éclat.

III

Aucune supériorité ne devait donc manquer à St François de Sales, durant le cours de son apostolat et, pour cette raison, rien aujourd'hui ne manque à sa gloire. Comme il avait jeté à pleines mains la bonne semence, il se dépensa en de nouveaux labeurs pour assurer la moisson. Je veux dire qu'ayant mis au service de la vérité sa parole d'apôtre, il voulut que l'écho en retentît dans la suite des âges, pour la gloire de la religion : et cette fois encore il crée, sans le rechercher autrement, une œuvre d'art, honorée jusqu'en ces derniers temps des suffrages de la critique.

Du livre des Controverses, que j'ai nommé tout à l'heure, je ne dirai rien ici, le sujet en étant tout particulier et, si l'on peut ainsi parler, d'un intérêt limité et restreint. Pour des raisons différentes, je me tairai sur l'admirable traité de l'Amour de Dieu, dont la théologie est si profonde et si sûre, la mystique si élevée. Tout de même, ne vous signalerai-je qu'en passant la correspondance spirituelle de notre Saint, pourtant si instructive. Il sera plus utile d'insister sur ce petit volume de l'Introduction à la vie dévote, parfait à tous points de vue, pur chef-d'œuvre, dont on peut dire qu'il est le livre de tout le monde, où la dévotion apparaît sous son vrai jour « et telle, dit Bossuet, que le religieux le plus aus-

« tère, ou le courtisan le plus dégoûté, s'il ne lui
« donne pas son affection, ne peut du moins lui
« refuser son estime. » Comment ce livre vint à son
heure, et comment, sans prétention de polémique,
il combattit la plus funeste des erreurs, c'est ce que
je voudrais vous montrer par des raisons particu-
lières et dignes d'attention.

Le conflit de doctrines et d'opinions que souleva
le protestantisme, en même temps qu'il se traduisait
par ces luttes fratricides connues sous le nom de
guerres de religion, eut pour effet de ruiner, dans un
grand nombre d'intelligences, les fondements de la
foi. Sous couleur de modération, de sagesse, de juste
milieu à tenir entre deux partis réputés extrêmes,
des esprits distingués se détachèrent peu à peu de
toute croyance et ne voulurent désormais se fier
qu'aux lumières de la raison individuelle. Deux écrivains, dont le talent est du reste incontestable, furent
les porte-voix de cette opinion et, tout en affectant
beaucoup de respect pour l'autorité religieuse, en arri-
vèrent à des conclusions de tous points opposées aux
enseignements de la foi. L'un, dont je ne prononcerai
pas le nom dans cette chaire, dissimulait ses tendan-
ces philosophiques sous d'énormes bouffonneries et
prêchait, comme le vieil Épicure, la jouissance sans
frein : tout est bon, disait-il, qui est conforme à la
nature ; suivons donc la nature, cédons à nos pen-
chants et ne résistons à nos passions qu'autant que
cet entraînement nous deviendrait préjudiciable.
L'autre, Michel de Montaigne, préconisait le scep-
ticisme, le doute systématique et universel, « mol
oreiller, disait-il, pour une tête bien faite. » Celui-ci
encore invitait ses lecteurs à jouir de la vie, à l'in-
verse du christianisme qui n'y voit qu'une épreuve ;
il voulait que l'homme y passât, j'emploie ses pro-
pres expressions, comme sur une route « gazonnée
et doux fleurante », au lieu que Jésus-Christ nous
appelle à sa suite, dans la voie royale de la Sainte
Croix. Ces deux auteurs, dont les livres se répan-
dirent à profusion au XVIᵉ siècle, eurent une influence considérable, influence de plus d'un genre

et dont il serait facile de suivre la trace jusqu'à nos jours; mais l'un et l'autre s'efforçaient de supprimer l'enseignement de l'Eglise, décréditaient la piété, criblaient la dévotion et les dévots de leurs mordantes épigrammes. De là vint un mal qui dure encore, il s'appelle l'indifférence religieuse, l'oubli de Dieu. St François de Sales y apporta remède en écrivant l'Introduction à la vie dévote.

Ce livre est par excellence le manuel de la perfection chrétienne, dont il donne l'idée la plus claire, la plus complète et la plus élevée. On y voit comment la pratique de la religion, dans ce qu'elle a de plus sublime, est possible malgré la diversité des conditions : la piété y apparaît, non pas sous ces dehors farouches et rebutants, dont certains docteurs l'enveloppaient et où la raillerie trouvait ample matière ; non point encore en forme de recette pour vivre commodément sous étiquette religieuse: mais telle qu'elle est dans l'Evangile, douce et forte à la fois, digne tout ensemble de Jésus-Christ qui l'inspire et des chrétiens qui la veulent pratiquer.

Le pécheur ouvre-t-il cette Introduction à la vie dévote ? Il y trouve le moyen de revenir à Dieu, dont l'auteur excelle à représenter l'infinie miséricorde ; l'indifférent se laisse gagner à cette onction qui découle, pour ainsi parler, de chaque ligne ; le juste se sent conduit par un guide sûr dans les voies de la plus haute perfection. Les puissants du monde apprennent de François de Sales le bon usage des grandeurs; les pauvres, le profit qu'ils peuvent tirer, pour leur salut, de leur condition même : les religieux, la sublimité de leur vocation et les moyens de s'y conformer ; les affligés y trouvent un cœur débordant de compassion pour l'universelle misère ; tous enfin la ligne à suivre pour éviter les écueils et toucher au port de l'éternité bienheureuse. Que dirai-je encore ? Je sens trop, Mes Frères, qu'une analyse de ce beau traité serait ici bien longue, et du reste, superflue, puisque le chef-d'œuvre de St François de Sales est dans toutes vos mains. Je n'ai rien à ajouter non plus d'un genre d'attrait auquel personne ne reste insensible, le mérite littéraire. Je le rappelle pour sa gloire, c'est l'Introduction à la vie dévote qui a placé l'évêque de Genève au premier rang, parmi les prosateurs français du XVI° siècle : ce livre est écrit avec une élégance, une finesse, un naturel, un charme, qui rappelle les maîtres de l'antiquité grecque, Platon ou Xénophon. Mais cet atticisme est mis au service du plus divin des enseignements, et, s'il fallait résumer l'œuvre en deux mots, je dirais de l'ensemble, style et doctrine, en y appliquant ce vers d'un contemporain :

Beau vase Athénien, plein de fleurs du Calvaire.

Nos ancêtres ne s'y sont pas mépris : j'en vois la preuve dans l'admiration universelle qui accueillit l'ouvrage dès son apparition. Henri IV, Marie de Médicis, Jacques, roi d'Angleterre, félicitèrent le saint écrivain et les éditions du petit volume allèrent se multipliant, dans des proportions jusqu'alors inconnues. Ainsi a-t-il traversé la postérité, combattant l'influence des écrits hostiles à l'Eglise, montrant la dévotion telle qu'elle est et en opposant la belle et noble image à cet épouvantail que le jansénisme allait bientôt imaginer.

L'Introduction à la vie dévote et les livres sont je vous ai cité les titres ont consacré la gloire de St François de Sales écrivain, de son vivant même et plus complètement encore dans la suite des temps. Depuis, nul théologien ne s'est occupé de la conduite des âmes sans se mettre à l'école de notre Saint et lorsque, vers la fin du XVII° siècle, Bossuet et Fénelon engagèrent cette grande discussion du Quiétisme, l'opinion de St François de Sales, invoquée sur la plupart des points, mit bien des fois d'accord les deux illustres rivaux. Enfin le Souverain Pontife Pie IX, de glorieuse mémoire, a proclamé le grand évêque de Genève docteur de l'Eglise universelle. Ainsi brille cette grande lumière, ainsi rayonne cet astre à la clarté si pénétrante, tandis que d'autres, trop nombreux hélas ! à toute époque, semblables à ces météores errants dont parle St Jude, après avoir jeté un éclat trompeur, disparaissent bientôt dans l'ombre et vont se perdre tous ensemble dans le gouffre immense de l'oubli.

Mes Frères, l'étude que nous venons de faire de St François de Sales controversiste, prédicateur, écrivain, serait stérile, si elle ne provoquait de notre part un retour sur nous-mêmes et des conclusions qui intéressent la conduite de la vie. Sans doute il convient d'admirer les Saints, mais ce qu'ils attendent de nous, avant toute chose, c'est un culte d'imitation. Donc, à l'exemple de St François de Sales, nous aurons à cœur de nous instruire de plus en plus dans la foi, de la répandre autour de nous, de la défendre aussi contre les attaques multipliées qui l'assaillent : aujourd'hui comme hier, la lutte reste ardente, bien qu'elle semble transportée sur un nouveau terrain. Si l'ennemi ne désarme pas, nous avons le devoir de ne pas déserter le champ de bataille, mais au contraire de repousser tous les chocs, et de prendre au besoin l'offensive. Nous devons encore par nos exemples, nos exhortations charitables, notre influence, devenir les prédicateurs de Jésus-Christ ; puis avoir un saint respect pour la parole de Dieu, aller volontiers l'entendre, en inspirer l'amour ou du moins la recherche à ceux qui vivent auprès de nous. Enfin, puisque aujourd'hui les mauvais livres sont si nombreux, attachons-nous, selon notre pouvoir, à propager les bons : et vous savez que ceux de notre Saint comptent parmi les excellents. Où trouver un maître plus aimable que François de Sales, un conseiller plus sage et plus prudent ; allons donc à lui, tournons vers lui nos regards.

« J'ai levé les yeux vers les montagnes d'où m'arrivera le secours », dit le Psalmiste : c'est d'elles aussi que vers le soir descend la lumière, et quand déjà tout est dans l'ombre, les neiges de leurs cimes reflètent en ruissellements de pourpre et d'or les teintes vives du couchant. Les Saints sont pour nous comme ces montagnes et, dans la chaîne ininterrompue qui se rattache au Calvaire, François de Sales compte parmi les plus hauts et les plus brillants sommets. Il est toujours debout, dans sa splendeur sereine, et l'éclat qu'il répand n'a pas cessé d'illuminer l'horizon. Puisse-t-il rayonner pour nous, et nous guider, dans cette vallée de la vie humaine où nous cheminons, à certaines heures, si péniblement. Et, pour parler sans images, veuille la Providence multiplier, au milieu de notre société qui défaille et s'abandonne, ces écrivains, ces prédicateurs, ces apôtres qui sont l'honneur de l'Eglise et les lumières de leur siècle : grands devant Dieu et devant les hommes, grands par l'intelligence. grands par le cœur, grands par leurs œuvres; âmes élues dont l'héroïsme fait l'admiration du monde et par qui le monde est sauvé.